AF193987

Impressum
Verlag: BABADADA GmbH, Nedderfeld 112 , 22529 Hamburg
Geschäftsführer / Verlagsleitung: Harald Hof
Druck: Books on Demand GmbH, In de Tarpen 42, 22848 Norderstedt

Imprint
Publisher: BABADADA GmbH, Nedderfeld 112 , 22529 Hamburg, Germany
Managing Director / Publishing direction: Harald Hof
Print: Books on Demand GmbH, In de Tarpen 42, 22848 Norderstedt

el colegio
școală

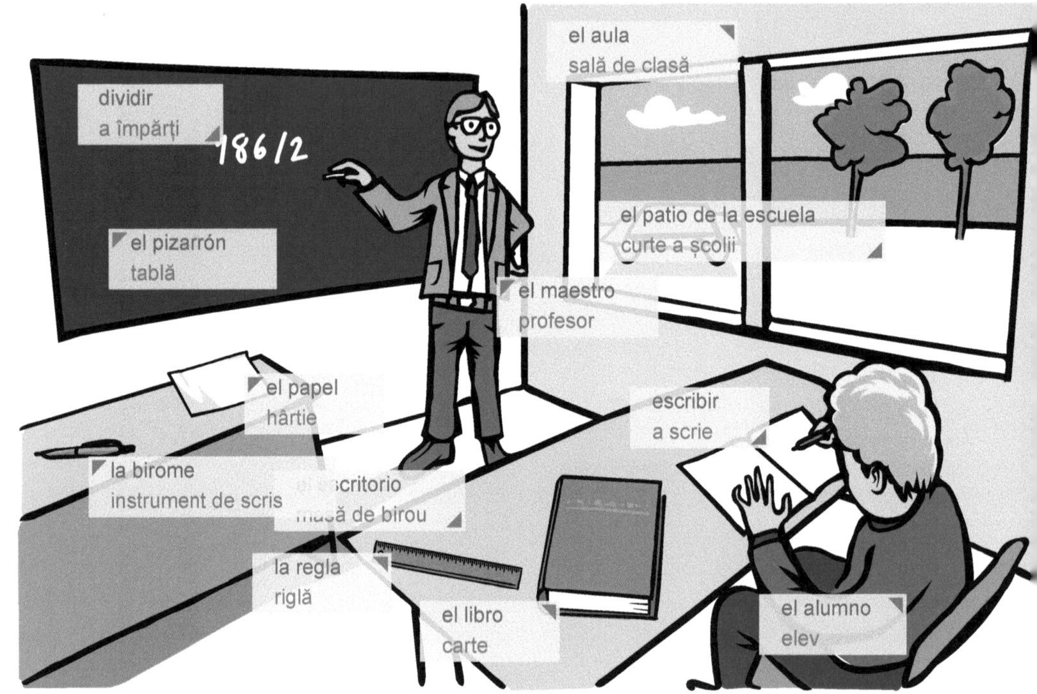
el aula
sală de clasă
dividir
a împărți
186/2
el pizarrón
tablă
el patio de la escuela
curte a școlii
el maestro
profesor
el papel
hârtie
escribir
a scrie
la birome
instrument de scris
scritorio
ă de birou
la regla
riglă
el libro
carte
el alumno
elev

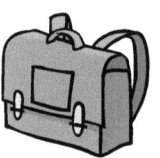

la mochila

ghiozdan

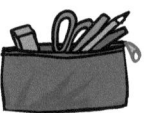

la caja de lápices

penar

el lápiz

creion

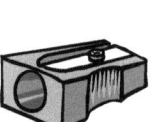

el sacapuntas

ascuțitoare

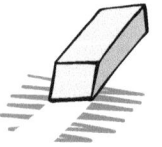

la goma (de borrar)

radieră

el bloc de dibujo

bloc de desen

el dibujo

desen

el pincel

pensulă

la caja de pinturas

cutie de acuarele

la tijera

foarfece

el pegamento

lipici

el cuaderno de ejercicios

caiet de exerciții

la tarea

temă

el número

număr

sumar

a aduna

restar

a scădea

multiplicar

a multiplica

calcular

a calcula

la letra

literă

el abecedario

alfabet

la palabra

cuvânt

el texto

text

leer

a citi

la tiza

cretă

la lección

oră

el cuaderno de clase

catalog

el examen

examen

el certificado

certificat

el uniforme escolar

uniformă şcolară

la educación

educaţie

la enciclopedia

enciclopedie

la universidad

universitate

el microscopio

microscop

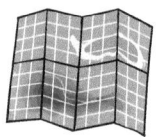

el mapa

hartă

el tacho (de basura)

coş de gunoi

el viaje
călătorie

el hotel
hotel
Grand
el hostel
hostel
ROOMS
EXCHANGE
la casa de cambio
casă de schimb valutar
la valija
valiză
el auto
autovehicul

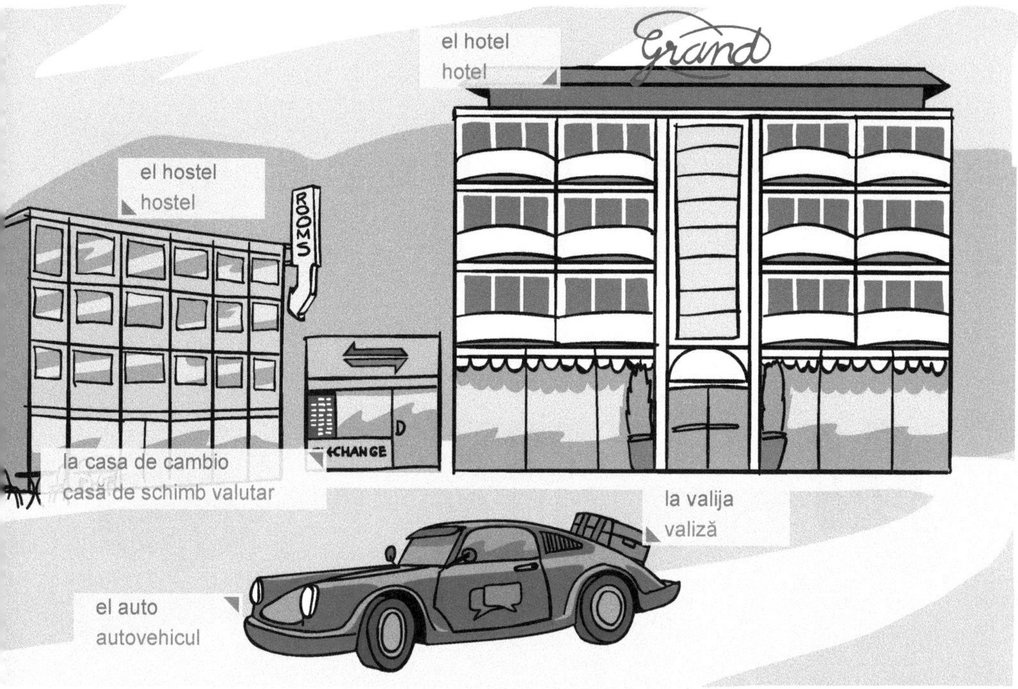

el idioma
....
limbă

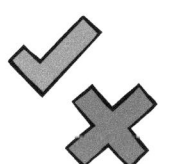

sí / no
....
da/nu

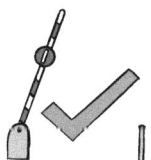

Está bien
....
okay

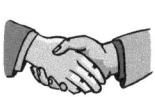

hola
....
Bună!

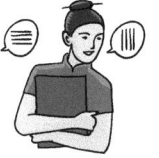

el traductor
....
interpret

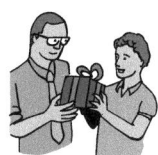

Gracias
....
mulțumesc

¿cuánto cuesta…?

Cât costă…?

No entiendo

Nu înțeleg

el problema

problemă

¡Buenas tardes!

Bună seara!

¡Buenos días!

Bună dimineața!

¡Buenas noches!

Noapte bună!

el adiós

la revedere

la dirección

direcție

el equipaje

bagaj

el bolso

geantă

la mochila

rucsac

el invitado

oaspete

la habitación

cameră

la bolsa de dormir

sac de dormit

la carpa

cort

la información turística

unct de informare turistică

la playa

plajă

la tarjeta de crédito

carte de credit

el desayuno

mic dejun

el almuerzo

masa de prânz

la cena

cină

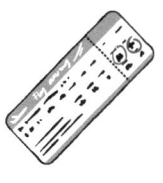

el pasaje

bilet de călătorie

el ascensor

lift

el sello

timbru poștal

la frontera

graniță

la aduana

vamă

la embajada

ambasadă

la visa

viză

el pasaporte

pașaport

el transporte

transport

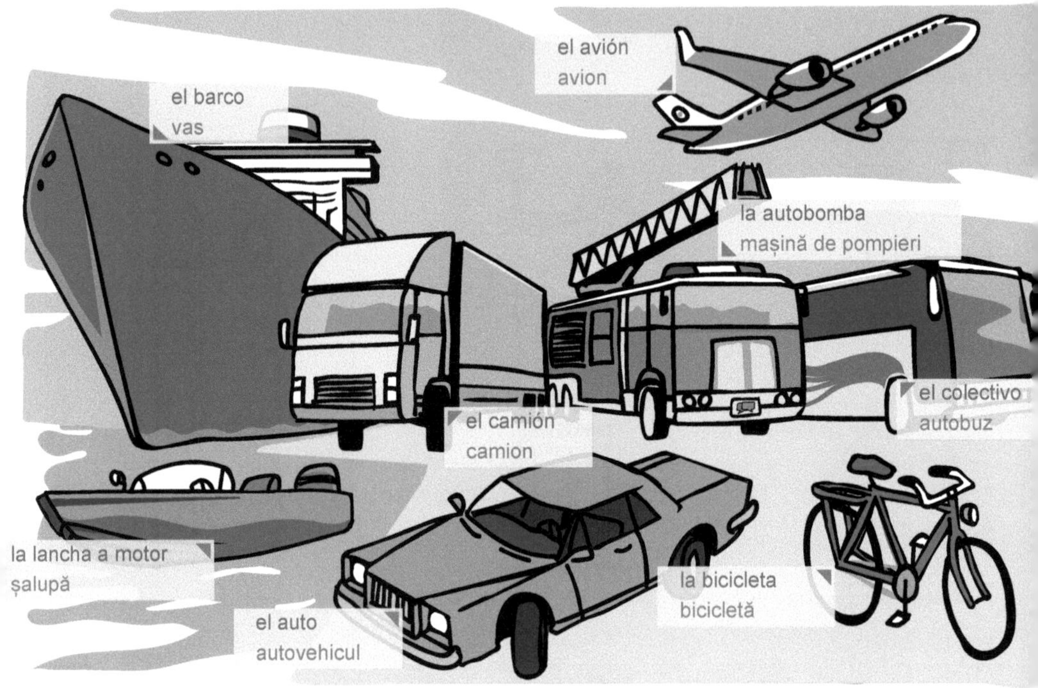
el avión
avion
el barco
vas
la autobomba
mașină de pompieri
el colectivo
autobuz
el camión
camion
la lancha a motor
șalupă
la bicicleta
bicicletă
el auto
autovehicul

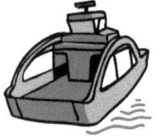

el ferry

feribot

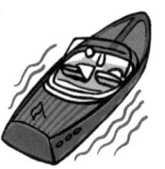

el bote

barcă

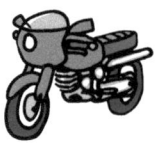

la moto

motocicletă

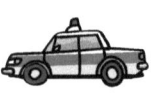

el patrullero

mașină de poliție

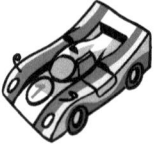

el auto de carreras

mașină de curse

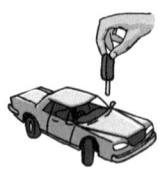

el auto de alquiler

mașină închiriată

el alquiler de autos

car sharing

la grúa

mașină de tractat

el camión de la basura

mașină de gunoi

el motor

motor

la nafta

combustibil

la estación de servicio

benzinărie

la señal de tránsito

semn de circulație

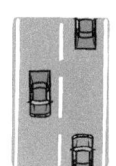

el tránsito

trafic

el embotellamiento

ambuteiaj

el estacionamiento

parcare

la estación de tren

gară

las vías

șine

el tren

tren

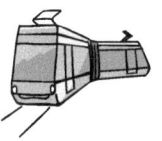

el tranvía

tramvai

el vagón

vagon

el helicóptero

elicopter

el aeropuerto

aeroport

la torre

turn

el pasajero

pasager

el contenedor

container

la caja de cartón

carton

la carretilla

căruţă

la canasta

coş

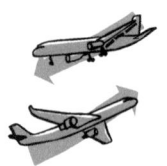

despegar / aterrizar

a decola/a ateriza

la ciudad

oraș

el pueblo

sat

el centro de la ciudad

centru

la casa

casă

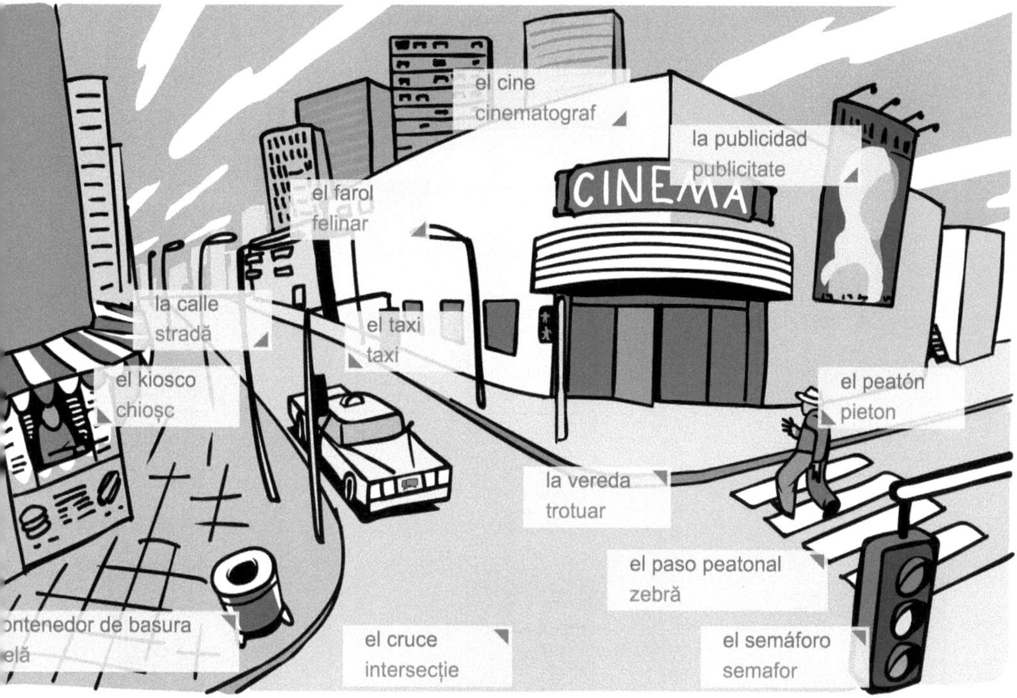

el cine
cinematograf

la publicidad
publicitate

el farol
felinar

la calle
stradă

el taxi
taxi

el kiosco
chioșc

el peatón
pieton

la vereda
trotuar

el paso peatonal
zebră

ontenedor de basura
elă

el cruce
intersecție

el semáforo
semafor

la cabaña
cabană

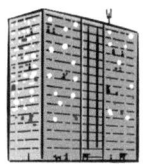

el departamento
apartament

la estación de tren
gară

la municipalidad
primărie

el museo
muzeu

el colegio
școală

la universidad

universitate

el banco

bancă

el hospital

spital

el hotel

hotel

la farmacia

farmacie

la oficina

birou

la librería

librărie

el negocio

magazin

la florería

florărie

el supermercado

supermarket

el mercado

piață

las grandes tiendas

magazin universal

la pescadería

comerciant de pește

el centro comercial

centru comercial

el puerto

port

el parque

parc

el banco

bancă

el puente

pod

las escaleras

trepte

el subte

metrou

el túnel

tunel

la parada del colectivo

stație de autobuz

el bar

bar

el restaurante

restaurant

el buzón

cutie poștală

el letrero

tăbliță indicatoare cu
numele străzii

el parquimetro

parcometru

el zoológico

grădină zoologică

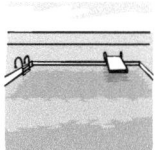

la pileta

piscină

la mezquita

moschee

la granja
gospodărie țărănească

la contaminación
poluare

el cementerio
cimitir

la iglesia
biserică

los juegos infantiles
loc de joacă

el templo
templu

el paisaje

peisaj

la hoja
frunză

el poste indicador
indicator

el camino
drum

la pradera
pajiște

la piedra
piatră

el árbol
copac

el excursionista
drumeț

el río
râu

la hierba
iarbă

la flor
floare

el valle

vale

la montaña

deal

el lago

lac

el bosque

pădure

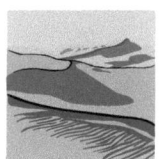

el desierto

deșert

el volcán

vulcan

el castillo

castel

el arco iris

curcubeu

el champiñón

ciupercă

la palmera

palmier

el mosquito

țânțar

la mosca

muscă

la hormiga

furnică

la abeja

albină

la araña

păianjen

el escarabajo

gândac

la rana

broască

la ardilla

veveriță

el erizo

arici

la liebre

iepure

la lechuza

bufniță

el pájaro

pasăre

el cisne

lebădă

el jabalí

porc mistreț

el ciervo

cerb

el alce

elan

la presa

dig

el aerogenerador

turbină eoliană

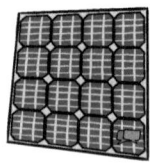

el panel solar

panou solar

el clima

climă

el paisaje - peisaj

el restaurante
restaurant

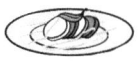

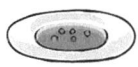

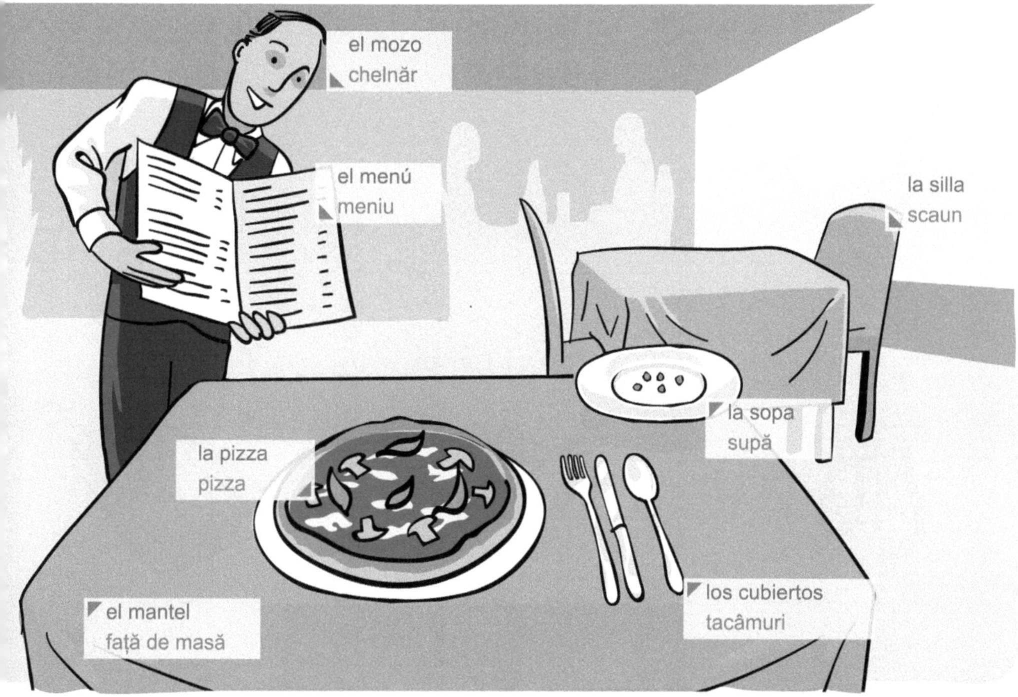
el mozo
chelnăr
el menú
meniu
la silla
scaun
la sopa
supă
la pizza
pizza
el mantel
față de masă
los cubiertos
tacâmuri

la entrada

antreu

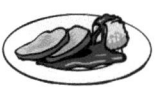

el plato principal

fel principal

el postre

desert

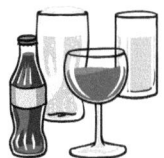

las bebidas

băuturi

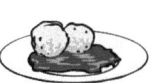

la comida

mâncare

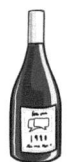

la botella

sticlă

la comida rápida

fastfood

la comida callejera

streetfood

la tetera

ceainic

la azucarera

zaharniță

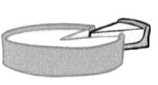

la porción

porție

la cafetera expreso

espressor

la sillita alta

scaun înalt (pentru copii)

la cuenta

factură

la bandeja

tavă

el cuchillo

cuțit

el tenedor

furculiță

la cuchara

lingură

la cucharita

linguriță

la servilleta

șervețel

el vaso

pahar

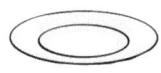

el plato

farfurie

el plato hondo

farfurie de supă

el plato

farfurie

la salsa

sos

el salero

solniță

el molinillo de pimienta

râșniță de piper

el vinagre

oțet

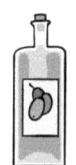

el aceite

ulei

las especias

condimente

el kétchup

ketchup

la mostaza

muștar

la mayonesa

maioneză

el supermercado
supermarket

la oferta especial
ofertă
FOR
el cliente
client
los lácteos
produse lactate
la fruta
fructe
el changuito
cărucior de cumpărături

BUTCHERS

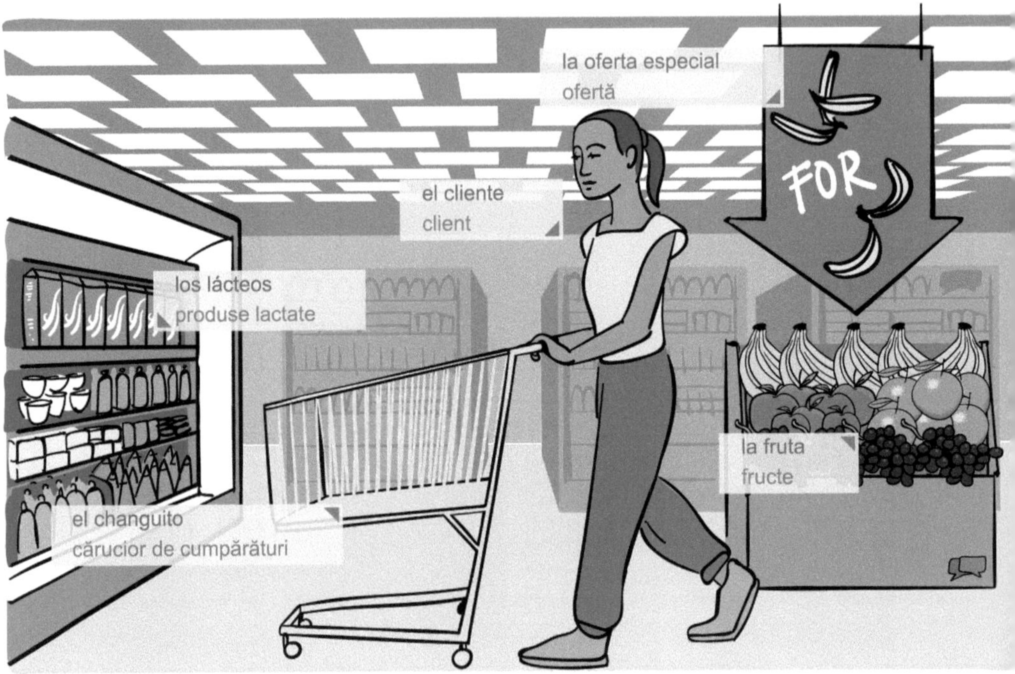

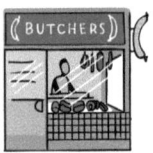

la carnicería

măcelărie

BAKERY

la panadería

brutărie

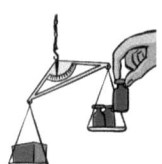

pesar

a cântări

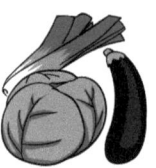

las verduras

legume

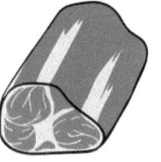

la carne

carne

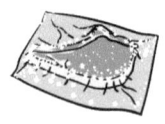

los alimentos congelados

alimente refrigerate

los fiambres

mezeluri și brânzeturi feliate

los alimentos enlatados

conserve

el detergente en polvo

detergent

las golosinas

dulciuri

los electrodomésticos

articole de menaj

los productos de limpieza

produse de curățenie

la vendedora

vânzătoare

la caja

casă

el cajero

casier

la lista de compras

listă de cumpărături

el horario de atención

orar

la billetera

portmoneu

la tarjeta de crédito

carte de credit

la cartera

geantă

la bolsa de plástico

pungă de plastic

el agua

apă

el jugo

suc

la leche

lapte

la bebida cola

cola

el vino

vin

la cerveza

bere

el alcohol

alcool

el cacao

cacao

el té

ceai

el café

cafea

el café expreso

espresso

el cappuccino

cappucino

la banana

banane

la manzana

măr

la naranja

portocală

el melón

pepene

el limón

lămâie

la zanahoria

morcov

el ajo

usturoi

el bambú

bambus

la cebolla

ceapă

el champiñón

ciupercă

las nueces

nuci

los fideos

paste făinoase

los tallarines

spagheti

el arroz

orez

la ensalada

salată

las papas fritas

cartofi prăjiți

las papas fritas

cartofi țărănești

la pizza

pizza

la hamburguesa

hamburger

el sándwich

sandwich

el churrasco

șnițel

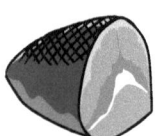

el jamón

șuncă

el salame

salam

la salchicha

cârnați

el pollo

pui

el asado

friptură

el pescado

pește

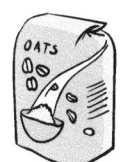

los copos de avena

fulgi de ovăz

el muesli

musli

los copos de maíz

cereale

la harina

făină

la medialuna

corn

el pancito

chifle

el pan

pâine

la tostada

pâine prăjită

las galletitas

biscuiți

la manteca

unt

la cuajada

brânză de vaci

la torta

prăjitură

el huevo

ou

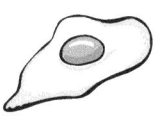

el huevo frito

ouă ochiuri

el queso

brânză

el helado

înghețată

el azúcar

zahăr

la miel

miere

la mermelada

marmeladă

la pasta de chocolate

cremă nuga

el curry

curry

la granja
gospodărie țărănească

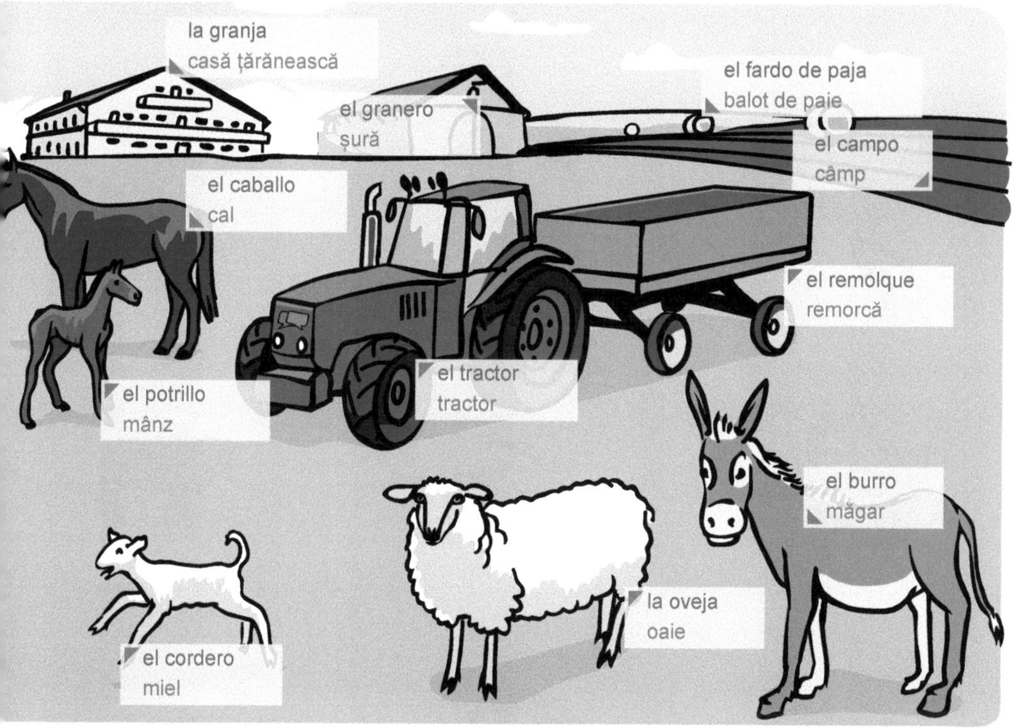
la granja
casă țărănească
el granero
șură
el fardo de paja
balot de paie
el campo
câmp
el caballo
cal
el remolque
remorcă
el potrillo
mânz
el tractor
tractor
el burro
măgar
la oveja
oaie
el cordero
miel

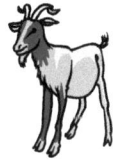

la cabra
capră

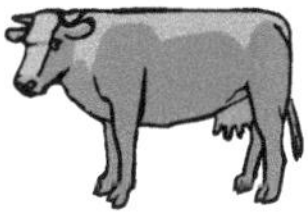

la vaca
vacă

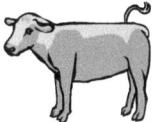

el ternero
vițel

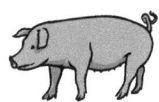

el cerdo
porc

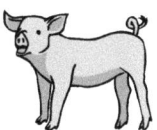

el lechón
purcel

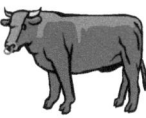

el toro
taur

el ganso

găină

el pato

rață

el pollo

pui

la gallina

găină

el gallo

cocoș

la rata

șobolan

el gato

pisică

el ratón

șoarece

el buey

bou

el perro

câine

la cucha

cușcă

la manguera

furtun de grădină

la regadera

stropitoare

la guadaña

coasă

el arado

plug

la hoz

seceră

la azada

sapă

la horquilla

furcă

el hacha

secure

la carretilla

roabă

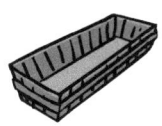

el abrevadero

troacă

la lechera

cană pentru lapte

la bolsa

sac

la reja

gard

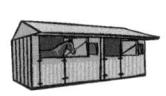

el establo

grajd

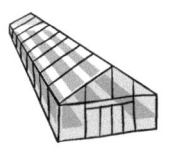

el invernadero

seră

el suelo

sol

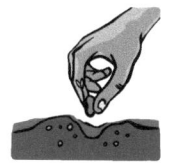

la semilla

sămânță

el fertilizador

fertilizator

la cosechadora

combină de treierat

cosechar

a culege

la cosecha

recoltă

las batatas

cartof yam

el trigo

grâu

la soja

soia

la papa

cartof

el maíz

porumb

la semilla de colza

rapiță

el árbol frutal

pom fructifer

la mandioca

manioc

los cereales

cereale

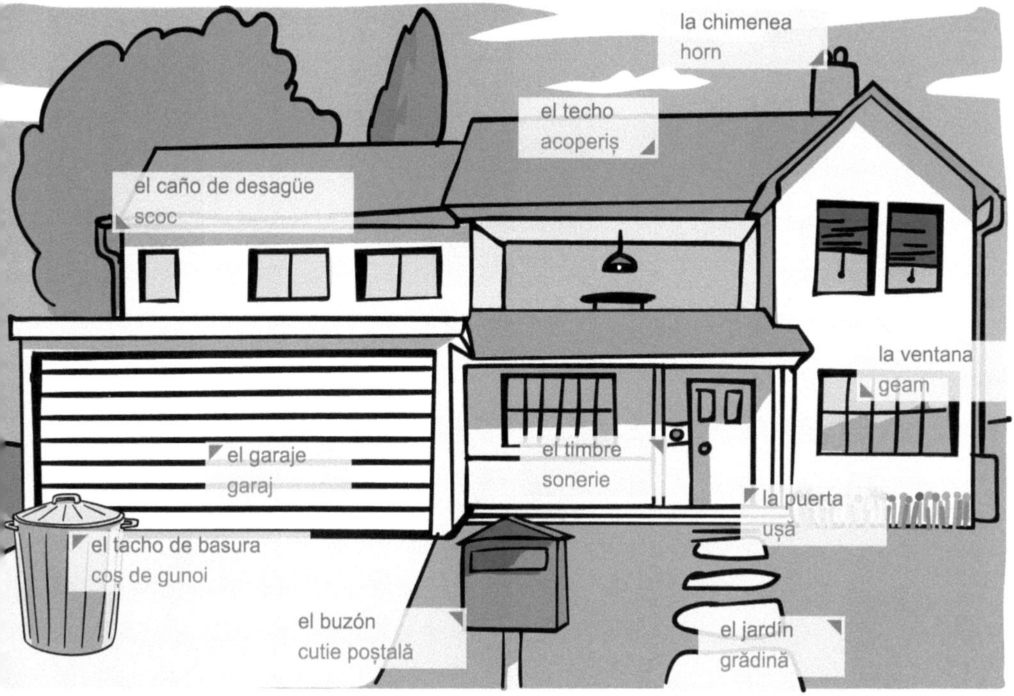

la chimenea
horn

el techo
acoperiș

el caño de desagüe
scoc

la ventana
geam

el garaje
garaj

el timbre
sonerie

la puerta
ușă

el tacho de basura
coș de gunoi

el buzón
cutie poștală

el jardín
grădină

el living
....
cameră de zi

el baño
....
baie

la cocina
....
bucătărie

el dormitorio
....
dormitor

el cuarto de los chicos
....
camera copiilor

el comedor
....
sufragerie

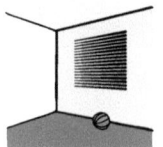

el piso
podea

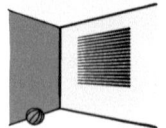

la pared
perete

el cielorraso
tavan

el sótano
pivniță

el sauna
saună

el balcón
balcon

la terraza
terasă

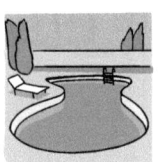

la pileta
piscină

la cortadora de pasto
mașină de tuns iarba

la sábana
cearșaf

el acolchado
cuvertură

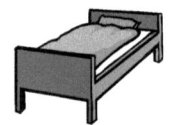

la cama
pat

la escoba
mătură

el balde
găleată

el interruptor
întrerupător

el living
cameră de zi

el empapelado
tapet
la imagen
pictură
la lámpara
lampă
el estante
raft
el armario
dulap
la televisión
televizor
la chimenea
șemineu
la flor
floare
el almohadón
pernă
el sofá
sofa
el florero
vază
el control remoto
telecomandă

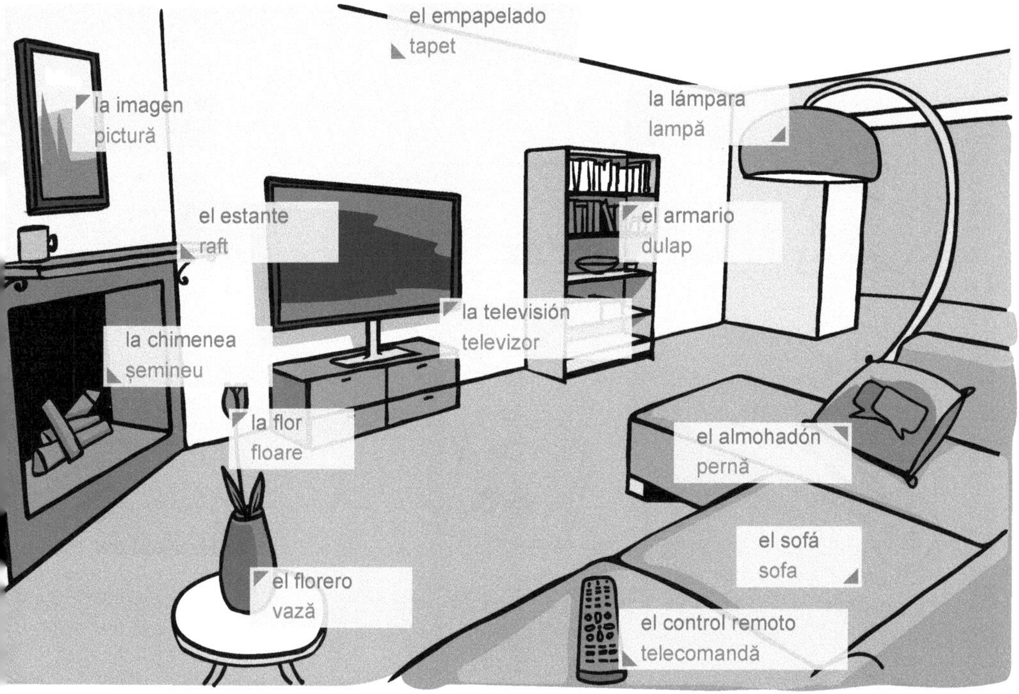

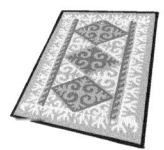

la alfombra

covor

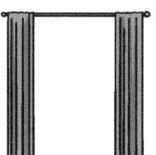

la cortina

perdea

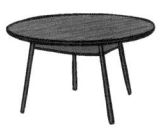

la mesa

masă

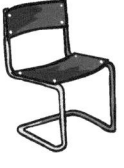

la silla

scaun

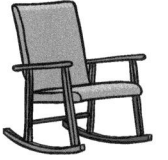

la mecedora

balansoar

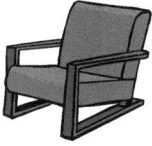

el sillón

fotoliu

el libro

carte

la frazada

pătură

la decoración

decoraţiune

la leña

lemn de foc

la película

film

el equipo de música

instalaţie stereo

la llave

cheie

el diario

ziar

la pintura

desen

el póster

poster

la radio

radio

el cuaderno

caiet de notiţe

la aspiradora

aspirator

el cactus

cactus

la vela

lumânare

la cocina
bucătărie

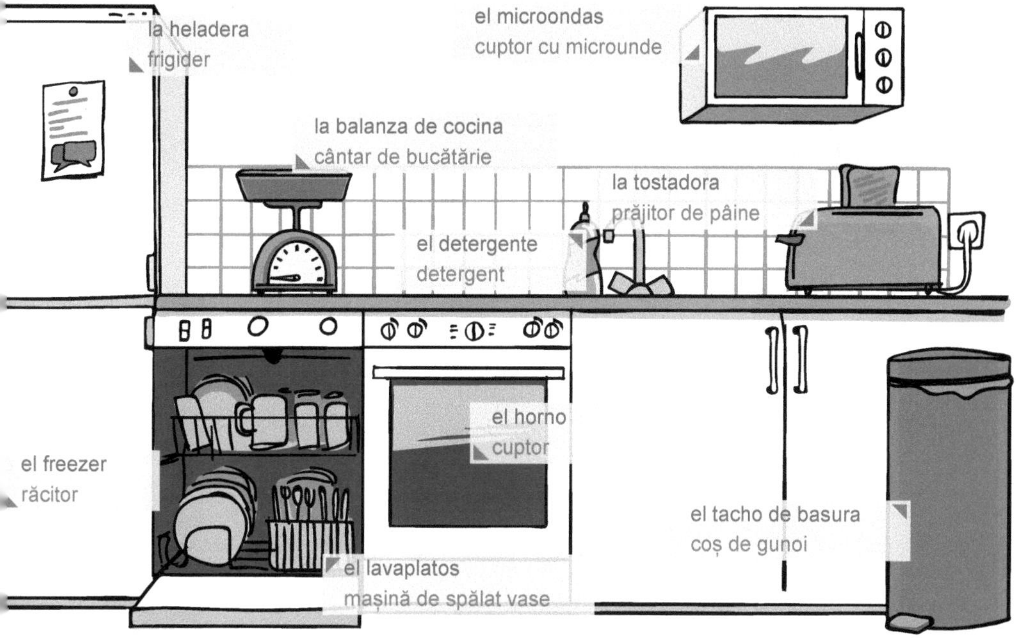
la heladera
frigider
el microondas
cuptor cu microunde
la balanza de cocina
cântar de bucătărie
la tostadora
prăjitor de pâine
el detergente
detergent
el horno
cuptor
el freezer
răcitor
el tacho de basura
coș de gunoi
el lavaplatos
mașină de spălat vase

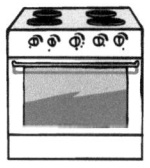

la cocina
cuptor

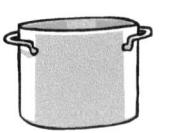

la olla
oală

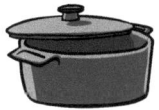

la olla de hierro fundido
oală de metal

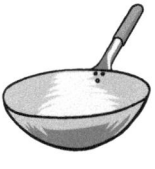

el wok
wok/kadai

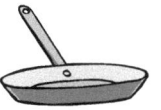

la sartén
tigaie

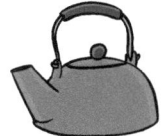

la pava
ceainic

la vaporera

oală de gătit cu aburi

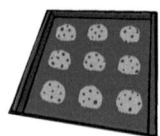

la bandeja de horno

tavă de copt

la vajilla

veselă

la taza

pahar

el bol

bol

los palitos

bețișoare

el cucharón

polonic

la espátula

spatulă

la batidora

tel

el colador

sită

el colador

sită

el rallador

răzătoare

el mortero

mojar

la parrilla

grătar

la fogata

loc pentru grătar

la tabla de picar

tocător

el palo de amasar

sucitor

el sacacorchos

tirbușon

la lata

conservă

el abrelatas

deschizător de conserve

la manopla

șervete termice

la pileta

chiuvetă

el cepillo

perie

la esponja

burete

la batidora

mixer

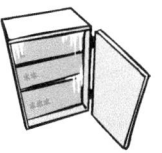

el congelador

ladă frigorifica

la mamadera

biberon

la canilla

robinet

la cocina - bucătărie

el baño
baie

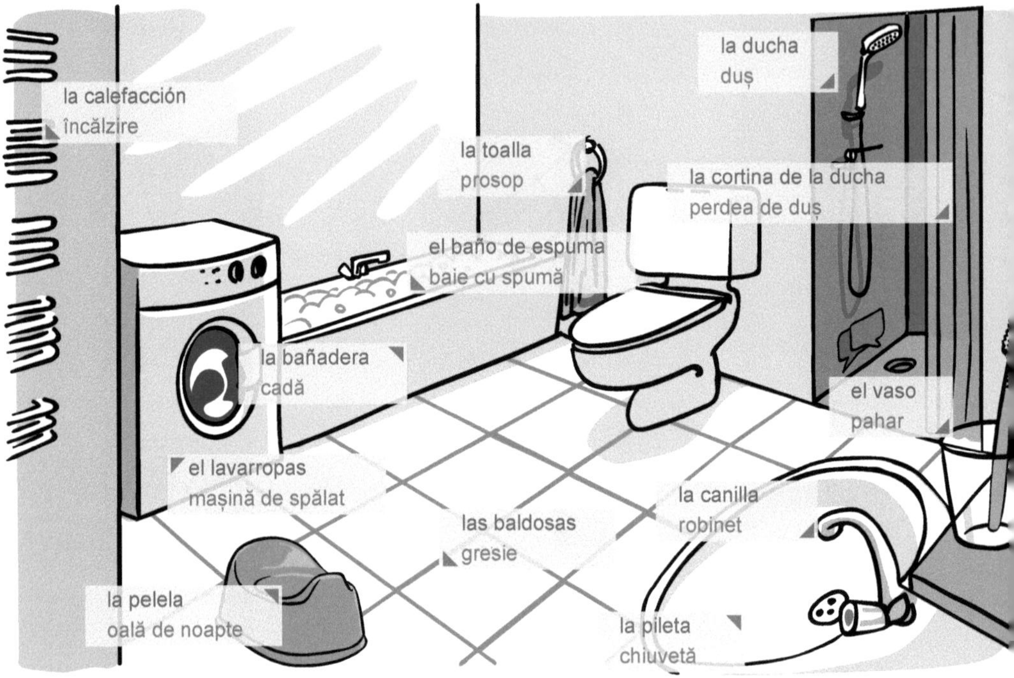

la calefacción
încălzire
la toalla
prosop
la ducha
duș
la cortina de la ducha
perdea de duș
el baño de espuma
baie cu spumă
la bañadera
cadă
el vaso
pahar
el lavarropas
mașină de spălat
la canilla
robinet
las baldosas
gresie
la pelela
oală de noapte
la pileta
chiuvetă

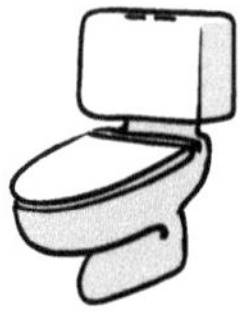

el inodoro
toaletă

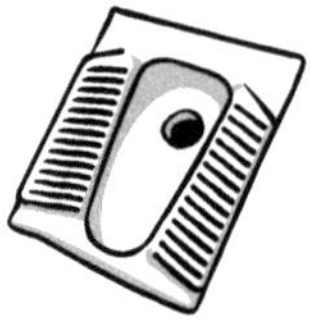

la letrina
toaletă turcescă

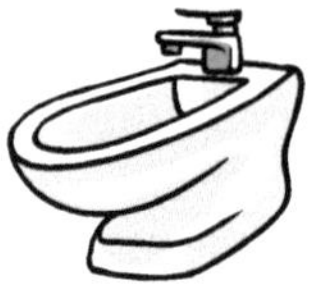

el bidé
bideu

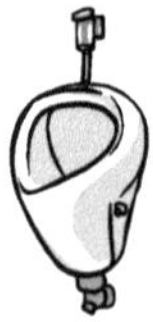

el mingitorio
pisoir

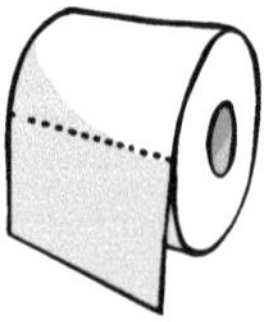

el papel higiénico
hârtie igienică

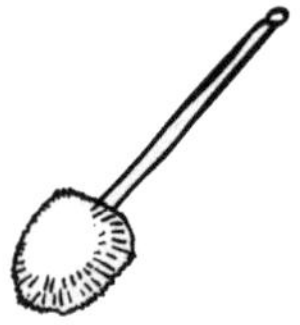

el cepillo para el inodoro
perie de toaletă

el cepillo de dientes

periuță de dinți

el dentífrico

pastă de dinți

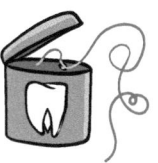

el hilo dental

ață dentară

lavar

a spăla

la ducha de mano

cap de duș

la ducha higiénica

duș intim

la palangana

lavoar

el cepillo para la espalda

perie pentru spate

el jabón

săpun

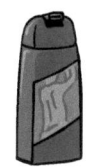

el gel de ducha

gel de duș

el shampoo

șampon

la toallita

cârpă de spălat

el desagüe

scurgere

la crema

cremă

el desodorante

deodorant

el espejo

oglindă

el espejito

oglindă cosmetică

la maquinita de afeitar

aparat de ras

la espuma de afeitar

spumă de ras

el aftershave

aftershave

el peine

pieptene

el cepillo

perie

el secador de pelo

uscător de păr

el spray

fixator

el maquillaje

machiaj

el lápiz de labios

ruj

el esmalte para uñas

lac de unghii

el algodón

vată

la tijera para uñas

foarfece de unghii

el perfume

parfum

el portacosméticos

neseser

la banqueta

taburet

la balanza

cântar

la bata

halat de baie

los guantes de goma

mănuşi de cauciuc

el tampón

tampon

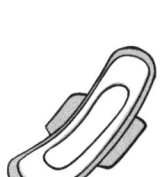

la toallita femenina

tampon

el baño químico

toaletă chimică

el cuarto de los chicos
camera copiilor

el despertador
ceas deșteptător
el peluche
jucărie de pluș
el coche de juguete
mașină de jucărie
el sonajero
morișcă
la casa de muñecas
casă de păpuși
el regalo
cadou

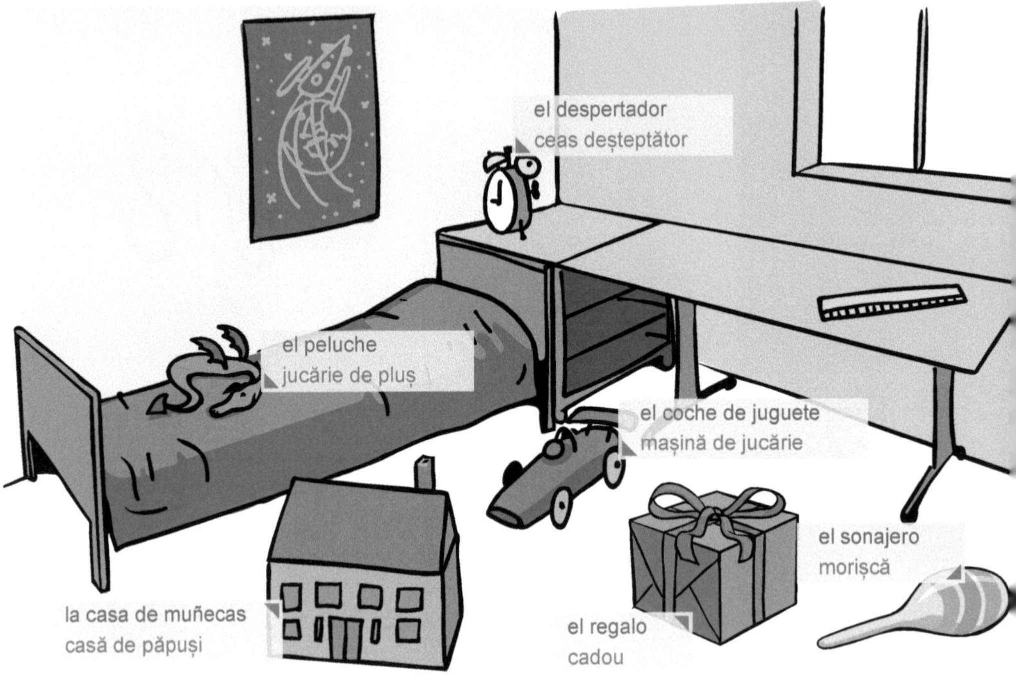

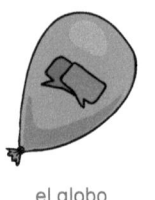

el globo

balon

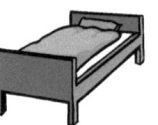

la cama

pat

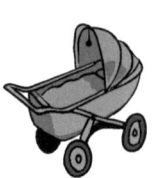

el cochecito

cărucior de copii

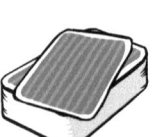

las cartas

joc de cărți

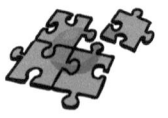

el rompecabezas

puzzle

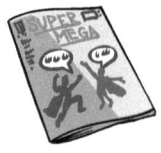

la historieta

revistă de benzi desenate

las piezas de lego

cuburi lego

los ladrillos de juguete

piese pentru construcţii

la figura de acción

personaj din filmele de acţiune

el enterito (de bebé)

body

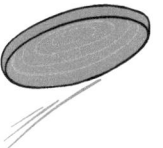

el frisbee

frisbee

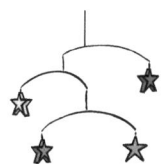

el móvil para bebés

mobil

el juego de mesa

joc de societate

los dados

zar

el tren eléctrico

set trenuleţ de jucărie

el chupete

suzetă

la fiesta

petrecere

el libro de cuentos ilustrado

carte cu poze

la pelota

minge

la muñeca

păpuşă

jugar

a se juca

el arenero

groapă de nisip

la hamaca

leagăn

los juguetes

jucării

la consola de videojuegos

consolă video

el triciclo

tricicletă

el osito de peluche

ursuleț

el armario

dulap

la ropa

îmbrăcăminte

las medias

șosete

las medias panty

ciorapi

las calzas

dres

la bufanda
şal

el cinturón
curea

el paraguas
umbrelă

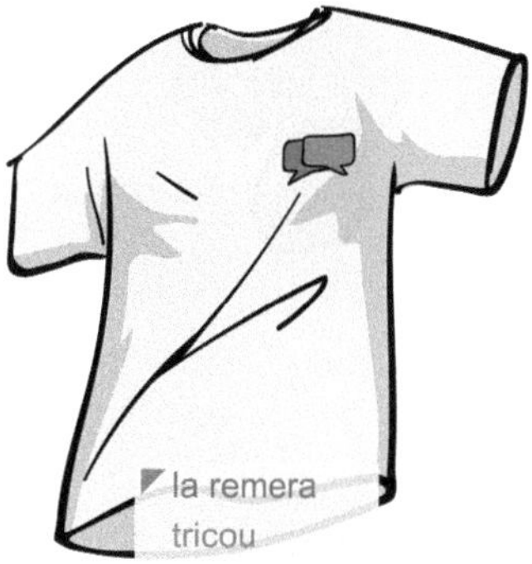

la remera
tricou

las zapatillas
pantofi sport

las botas
cizme

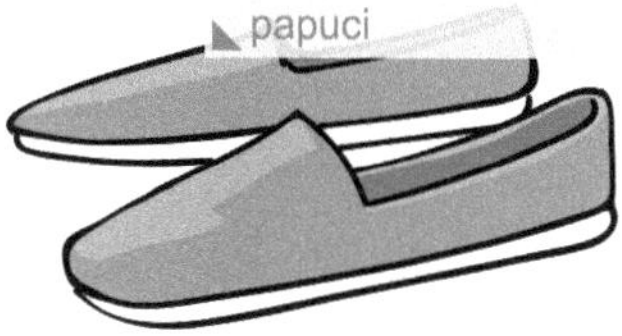

las pantuflas
papuci

las sandalias
....
sandale

los zapatos
....
încălţăminte

las botas de goma
....
cizme de cauciuc

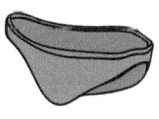

la ropa interior
....
chilot

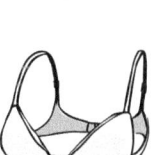

el corpiño
....
sutien

el chaleco
....
maiou

la ropa - imbracaminte

el body
body

los pantalones
pantaloni

los jeans
blugi

la pollera
fustă

la blusa
bluză

la camisa
cămaşă

el pulóver
pulover

el buzo
jerseu

el blazer
sacou

la campera
jachetă

el tapado
palton

el piloto
pelerină de ploaie

el traje
costum

el vestido
rochie

el vestido de novia
rochie de mireasă

el traje

costum

el camisón

cămașă de noapte

el pijama

pijama

el sari

sari

el pañuelo para la cabeza

batic

el turbante

turban

la burka

burka

el caftán

caftan

la abaya

abaya

el traje de baño

costum de baie

el short de baño

șort

los shorts

pantaloni scurți

el jogging

trening

el delantal

șorț

los guantes

mănuși

el botón

nasture

los anteojos

ochelari

la pulsera

brățară

el collar

lanț

el anillo

inel

el aro

cercel

la gorra

căciulă

la percha

umeraș

el sombrero

pălărie

la corbata

cravată

el cierre

fermoar

el casco

cască

los tiradores

bretele

el uniforme escolar

uniformă școlară

el uniforme

uniformă

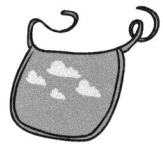

el babero

bavețică

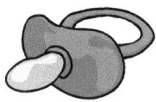

el chupete

suzetă

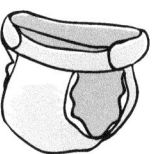

el pañal

scutec

la oficina
birou

el servidor
server
el archivero
dulap de acte
la impresora
imprimantă
el papel
hârtie
el monitor
monitor
el mouse
mouse
el escritorio
masă de birou
la carpeta
fișier
el teclado
tastatură
el tacho (de basura)
coș de gunoi
la computadora
computer
la silla
scaun

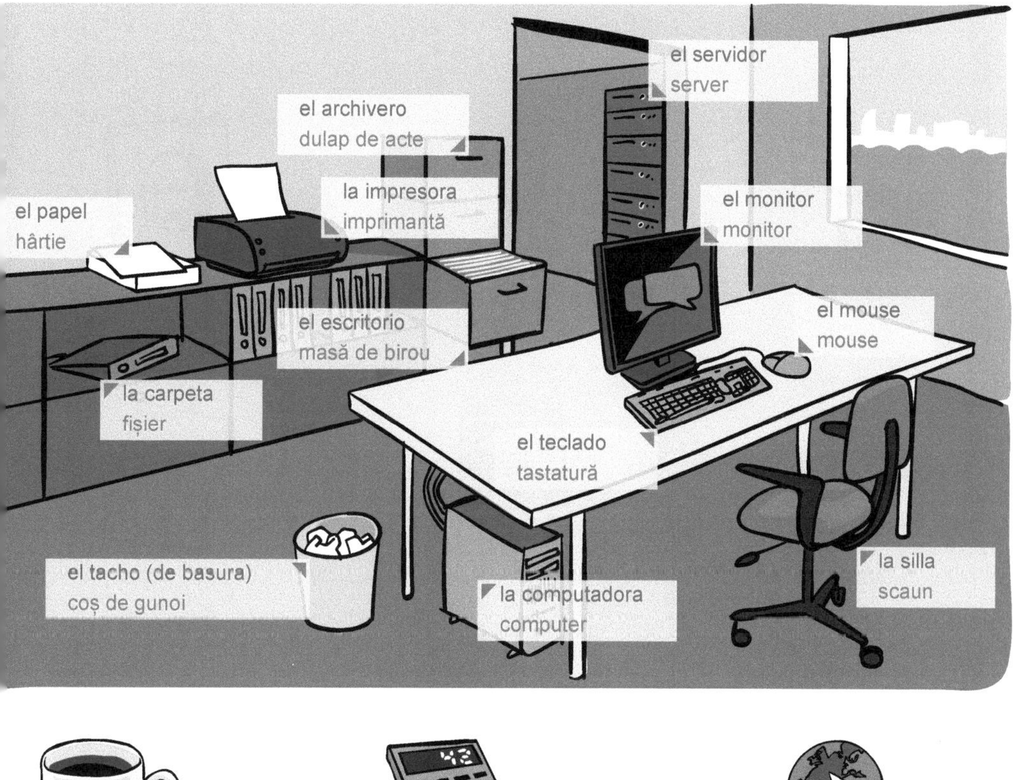

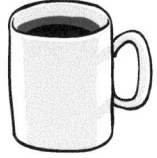

la taza de café

ceașcă de cafea

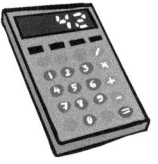

la calculadora

calculator

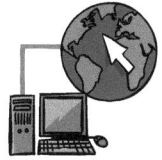

el internet

internet

la laptop

laptop

la carta

scrisoare

el mensaje

mesaj

el celular

telefon mobil

la red

rețea

la fotocopiadora

copiator

el software

software

el teléfono

telefon

el tomacorriente

priză

el fax

fax

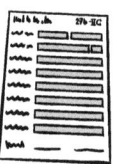

el formulario

formular

el documento

document

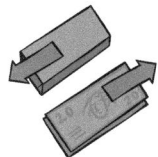

comprar

a cumpăra

pagar

a plăti

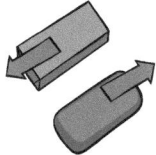

hacer negocios

a face comerţ

el dinero

bani

el dólar

Dolar

el euro

Euro

el yen

Yen

el rublo

Rublă

el franco suizo

Franc Elveţian

el yuan

renminbi yuan

la rupia

Rupie

el cajero automático

bancomat

la casa de cambio

casă de schimb valutar

el oro

aur

la plata

argint

el petróleo

petrol

la energía

energie

el precio

pret

el contrato

contract

el impuesto

impozit

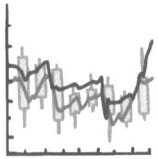

la acción

actiune

trabajar

a munci

el empleado

angajat

el empleador

angajator

la fábrica

fabrică

el negocio

magazin

las ocupaciones
ocupații

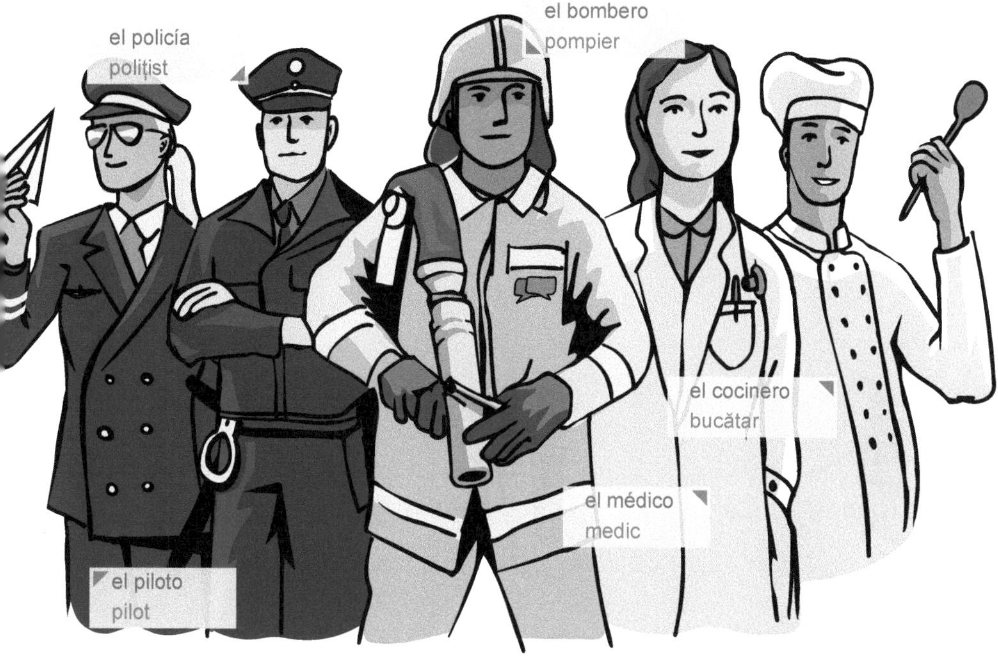

el policía
polițist
el bombero
pompier
el cocinero
bucătar
el médico
medic
el piloto
pilot

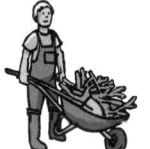

el jardincro

grădinar

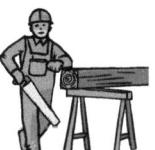

el carpintero

tâmplar

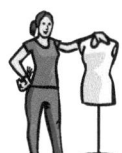

la modista

cusătoreasă

el juez

judecător

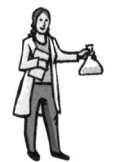

el farmacéutico

chimist

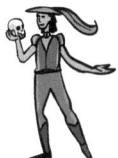

el actor

actor

el colectivero

șofer de autobuz

el taxista

șofer de taxi

el pescador

pescar

la mucama

femeie de serviciu

el techista

tinichigiu

el mozo

chelnăr

el cazador

vânător

el pintor

pictor

el panadero

brutar

el electricista

electrician

el albañil

muncitor în construcții

el ingeniero

inginer

el carnicero

măcelar

el plomero

instalator

el cartero

poștaș

el soldado

soldat

el arquitecto

arhitect

el cajero

casier

el florista

florar

el peluquero

frizer

el cobrador

controlor

el mecánico

mecanic

el capitán

căpitan

el dentista

stomatolog

el científico

om de ştiinţă

el rabino

rabin

el imán

imam

el monje

călugăr

el sacerdote

preot

las herramientas
instrumente

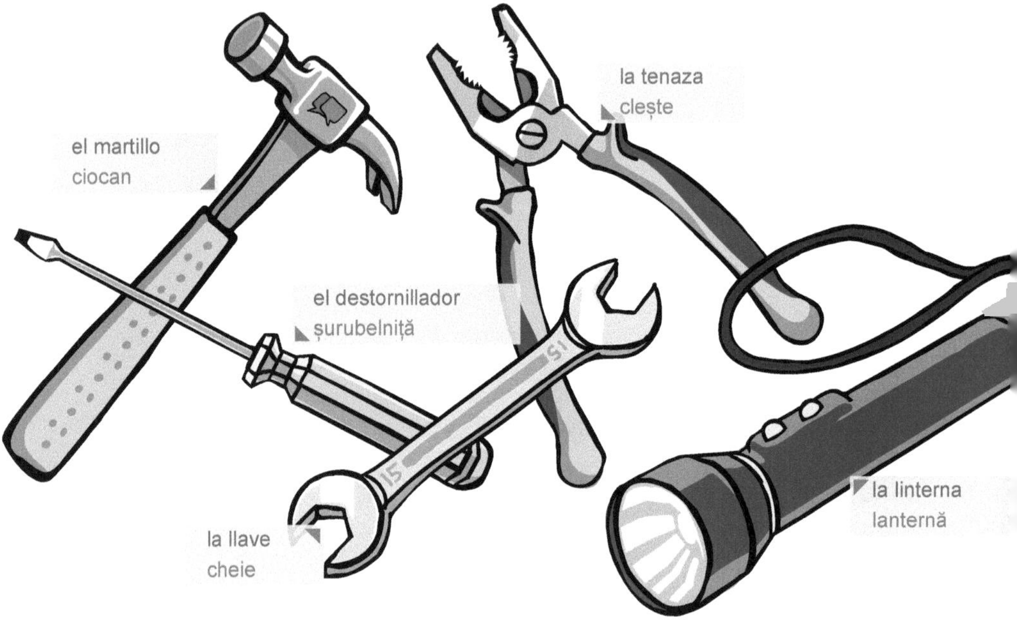
la tenaza
cleşte
el martillo
ciocan
el destornillador
şurubelniţă
la llave
cheie
la linterna
lanternă

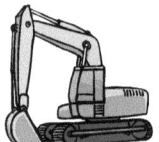

la excavadora

excavator

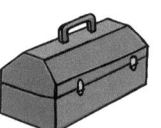

la caja de herramientas

cutie de scule

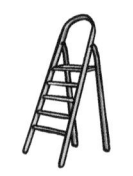

la escalera portátil

scară

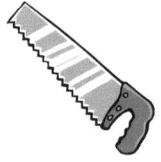

la sierra

ferăstrău

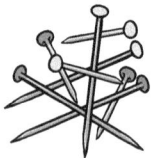

los clavos

cuie

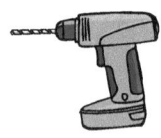

el taladro

burghiu

arreglar
a repara

la pala de jardín
lopată

¡Qué bronca!
La naiba!

la pala de plástico
făraş

el tacho de pintura
vas pentru vopsea

los tornillos
şuruburi

los instrumentos musicales
instrumente muzicale

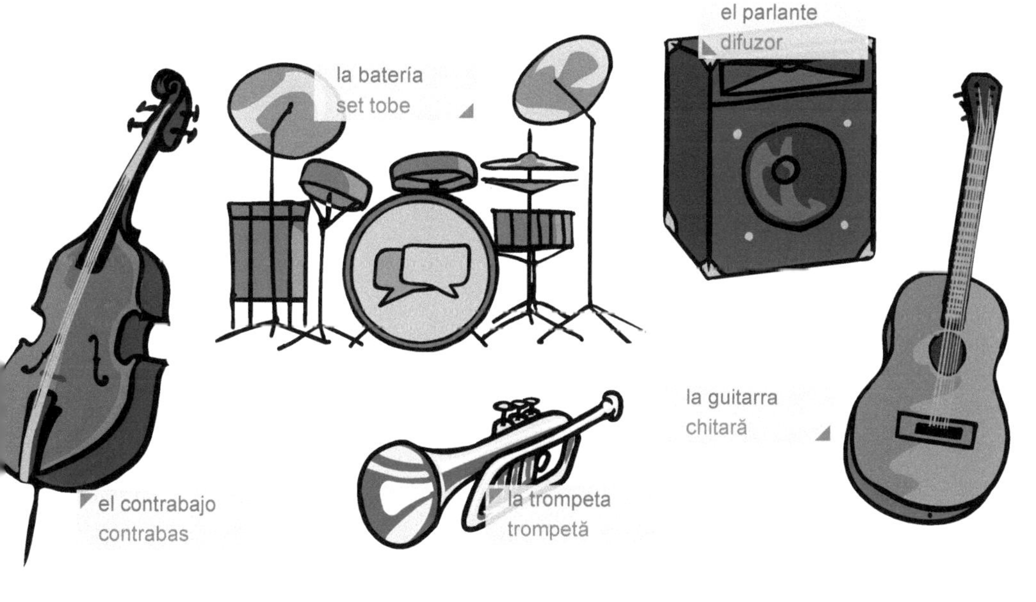

la batería
set tobe

el parlante
difuzor

el contrabajo
contrabas

la trompeta
trompetă

la guitarra
chitară

el piano

pian

el violín

vioară

el bajo

bas

los timbales

trombon

el tambor

tobă

el teclado

keyboard

el saxofón

saxofon

la flauta

fluier

el micrófono

microfon

el zoológico
grădină zoologică

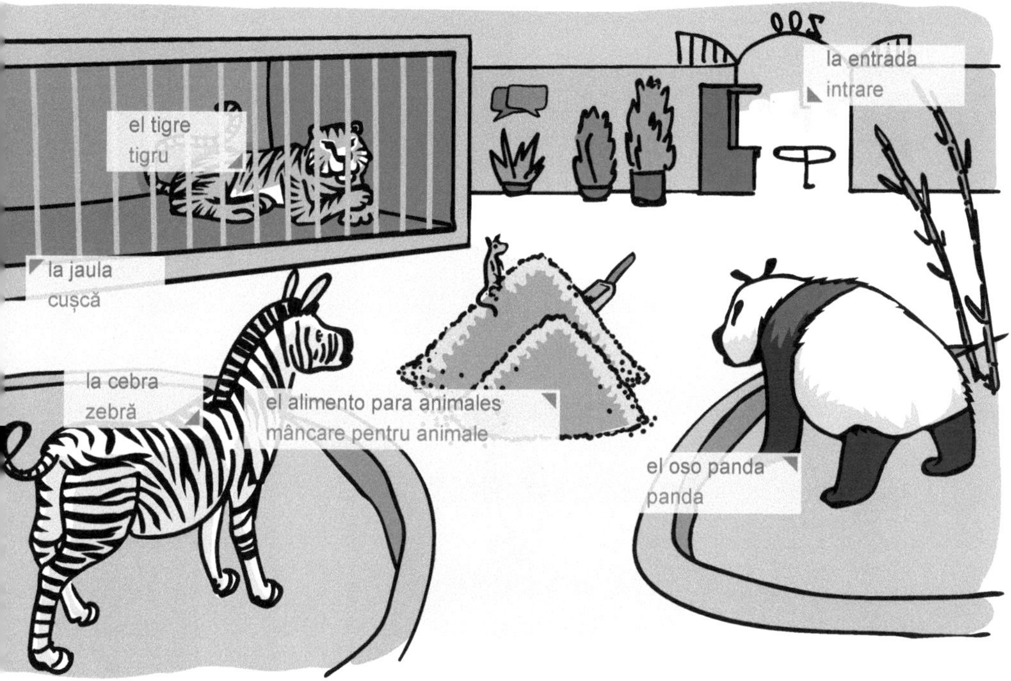
la entrada
intrare
el tigre
tigru
la jaula
cuşcă
la cebra
zebră
el alimento para animales
mâncare pentru animale
el oso panda
panda

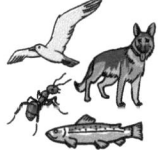

los animales

animale

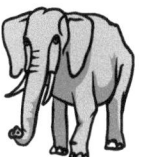

el elefante

elefant

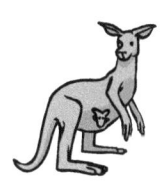

el canguro

cangur

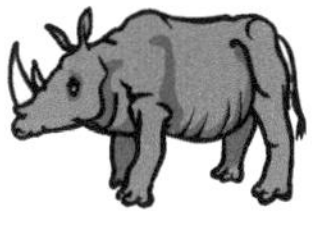

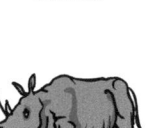

el rinoceronte

rinocer

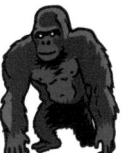

el gorila

gorilă

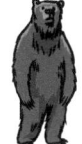

el oso

urs

el camello

cămilă

el avestruz

struț

el león

leu

el mono

maimuță

el flamenco

flamingo

el loro

papagal

el oso polar

urs polar

el pingüino

pinguin

el tiburón

rechin

el pavo real

păun

la serpiente

șarpe

el cocodrilo

crocodil

el cuidador del zoológico

îngrijitor grădina zoologică

la foca

focă

el jaguar

jaguar

el poni

ponei

el leopardo

leopard

el hipopótamo

hipopotam

la jirafa

girafă

el águila

acvilă

el jabalí

porc mistreț

el pescado

pește

la tortuga

broască țestoasă

la morsa

morsă

el zorro

vulpe

la gacela

gazelă

el zoológico - grădină zoologică

el fútbol americano
fotbal american

el ciclismo
ciclism

el tenis
tenis

el básquet
basketball

la natación
înot

el boxeo
box

el hockey sobre hielo
hockey pe gheață

el fútbol

fotbal

el bádminton

badminton

el atletismo

atletism

el handball

handbal

el esquí

schi

el polo

polo

reír
a râde

saltar
a sări

abrazar
a îmbrățișa

caminar
a merge

cantar
a cânta

soñar
a visa

rezar
a se ruga

besar
a săruta

escribir
a scrie

dibujar
a desena

mostrar
a arăta

presionar
a împinge

dar
a da

tomar
a lua

tener

a avea

hacer

a face

ser

a fi

estar parado

a sta în picioare

correr

a fugi

tirar

a trage

tirar

a arunca

caer

a cădea

estar acostado

a sta întins

esperar

a aștepta

llevar

a purta

estar sentado

a ședea

vestirse

a se îmbrăca

dormir

a dormi

despertar

a se trezi

mirar
a privi

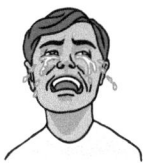

llorar
a plânge

acariciar
a mângâia

peinar
a se pieptăna

hablar
a vorbi

entender
a înțelege

preguntar
a întreba

escuchar
a asculta

beber
a bea

comer
a mânca

ordenar
a face ordine

amar
a iubi

cocinar
a găti

manejar
a conduce

volar
a zbura

navegar

a naviga

calcular

a calcula

leer

a citi

aprender

a învăța

trabajar

a munci

casarse

a se căsători

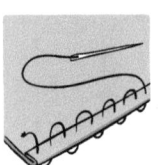

coser

a coase

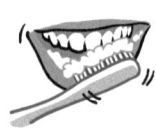

cepillarse los dientes

a se spăla pe dinți

matar

a ucide

fumar

a fuma

enviar

a trimite

la familia
familie

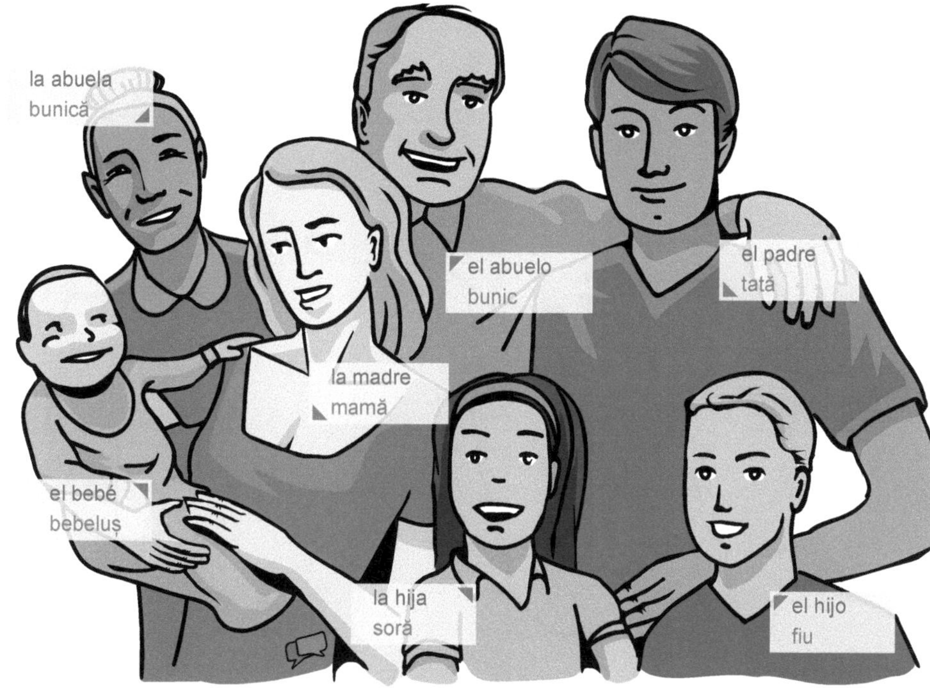
la abuela
bunică
el abuelo
bunic
el padre
tată
la madre
mamă
el bebé
bebeluș
la hija
soră
el hijo
fiu

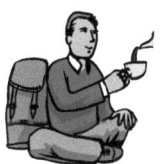

el invitado

oaspete

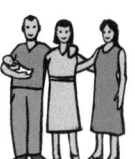

la tía

mătușă

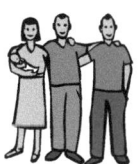

el tío

unchi

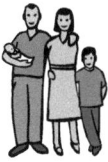

el hermano

frate

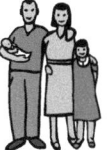

la hermana

soră

el cuerpo
corp

la frente
frunte
el ojo
ochi
el hombro
umăr
el dedo
deget
la cara
față
la pera
bărbie
la mano
mână
la pierna
picior
el pecho
piept
el brazo
braț

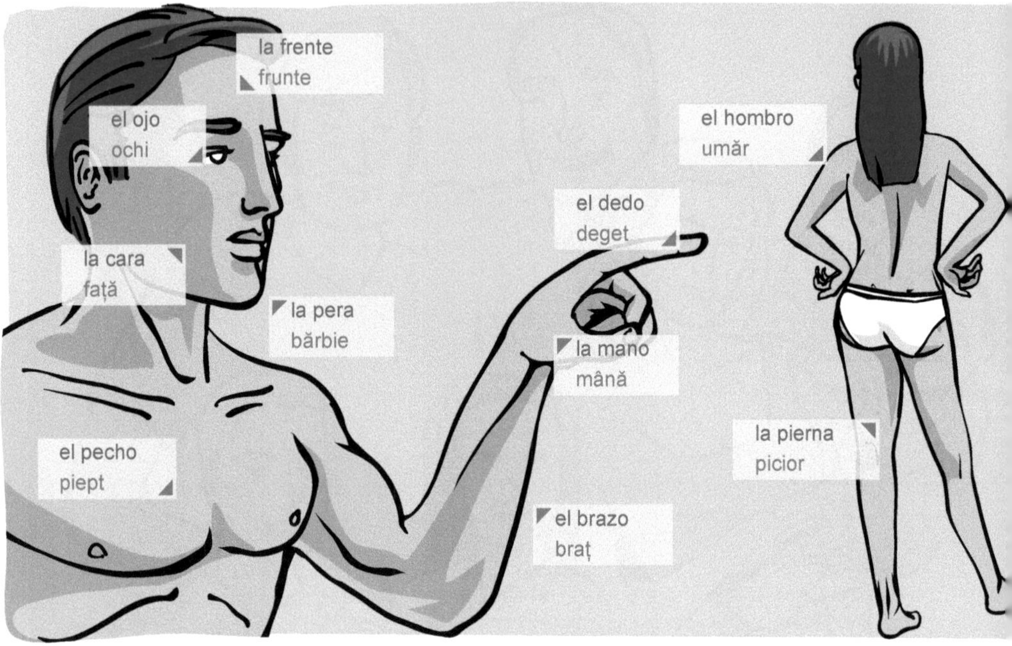

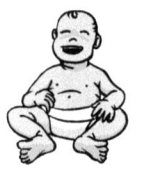

el bebé
bebeluș

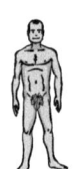

el hombre
bărbat

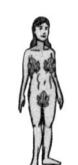

la mujer
femeie

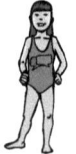

la nena
fată

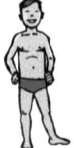

el nene
băiat

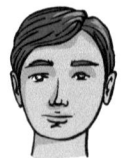

la cabeza
cap

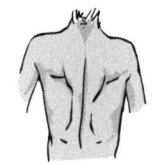

la espalda

spate

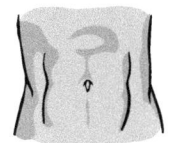

la panza

abdomen

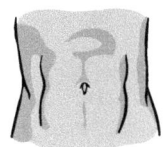

el ombligo

ombilic

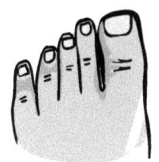

el dedo del pie

deget de la picior

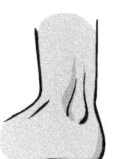

el talón

călcâi

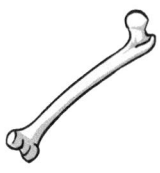

el hueso

os

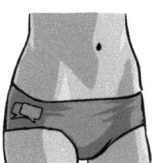

la cadera

șold

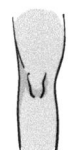

la rodilla

genunchi

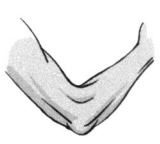

el codo

cot

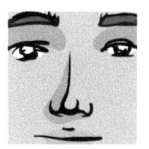

la nariz

nas

la cola

fund

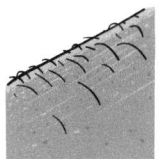

la piel

piele

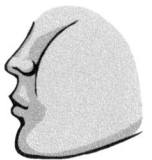

el cachete

obraz

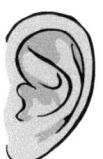

la oreja

ureche

el labio

buză

la boca

gură

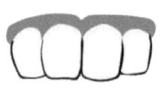

el diente

dinte

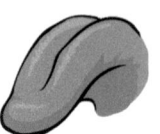

la lengua

limbă

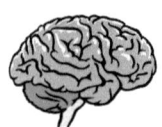

el cerebro

creier

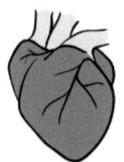

el corazón

inimă

el músculo

mușchi

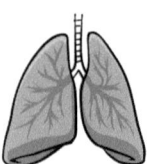

el pulmón

plămân

el hígado

ficat

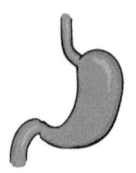

el estómago

stomac

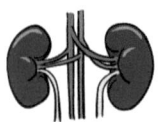

los riñones

rinichi

el sexo

sex

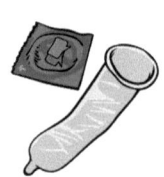

el preservativo

prezervativ

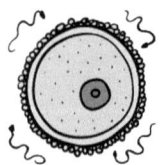

el óvulo

ovul

el semen

spermă

el embarazo

sarcină

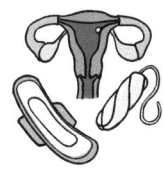

la menstruación

menstruație

la vagina

vagin

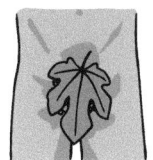

el pene

penis

la ceja

sprânceană

el pelo

păr

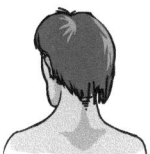

el cuello

gât

el hospital
spital

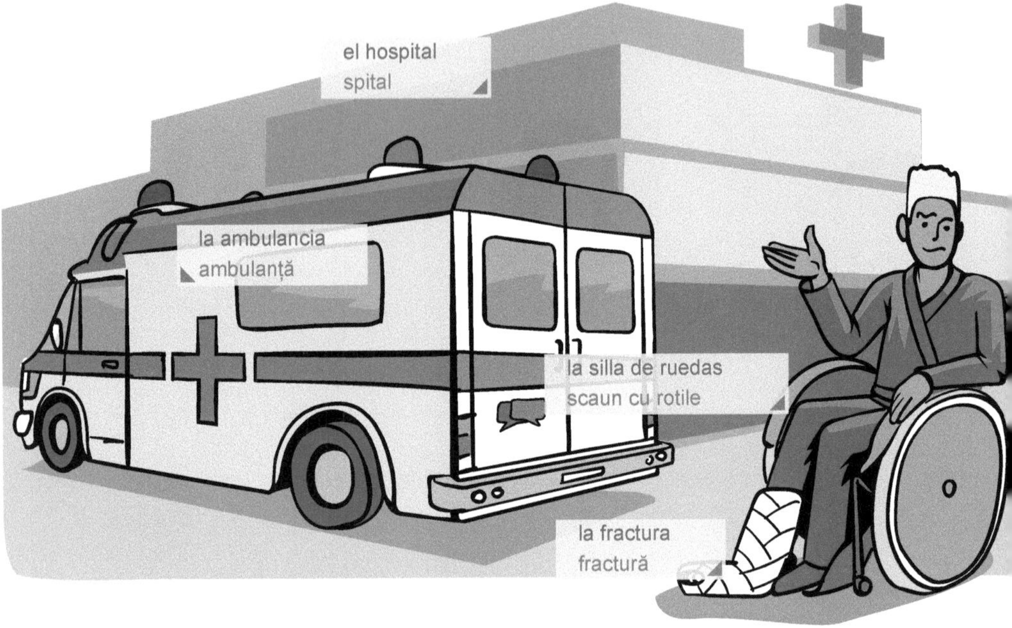

el hospital
spital
la ambulancia
ambulanță
la silla de ruedas
scaun cu rotile
la fractura
fractură

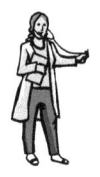

el médico

medic

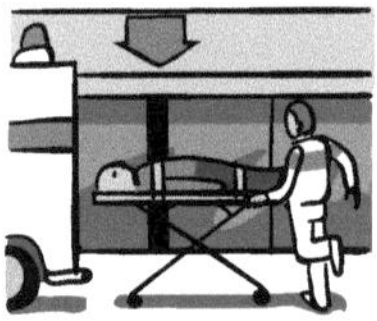

la sala de guardia

unitate de primiri urgențe

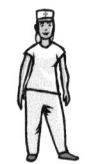

la enfermera

soră medicală

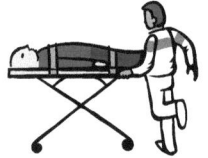

la emergencia

urgență

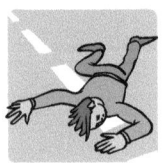

inconsciente

inconștient

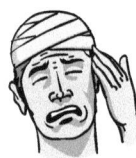

el dolor

durere

la lesión

leziune

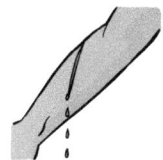

la hemorragia

sângerare

el infarto

infarct miocardic

el ACV

atac cerebral

la alergia

alergie

la tos

tuse

la fiebre

febră

la gripe

gripă

la diarrea

diaree

el dolor de cabeza

durere de cap

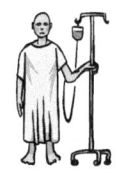

el cáncer

cancer

la diabetes

diabet

el cirujano

chirurg

el bisturí

scalpel

la operación

operație

el hospital - spital

73

la TC
CT

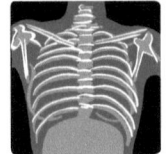

los rayos x
raze Röntgen

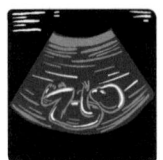

la ecografía
ultrasunet

el barbijo
mască

la enfermedad
boală

la sala de espera
sală de așteptare

la muleta
cârjă

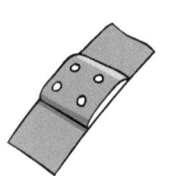

la curita
plasture

la venda
bandaj

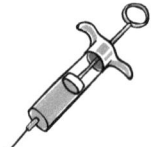

la inyección
injecție

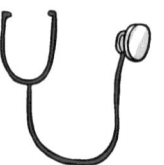

el estetoscopio
stetoscop

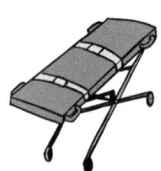

la camilla
targă

el termómetro
termometru

el nacimiento
naștere

el sobrepeso
supraponderabilitate

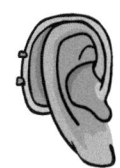

el audífono

aparat auditiv

el desinfectante

dezinfectant

la infección

infecție

el virus

virus

el VIH / SIDA

HIV/SIDA

el remedio

medicină

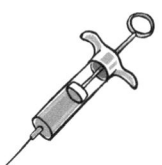

la vacunación

vaccin

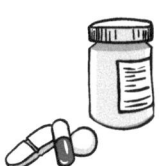

los comprimidos

tablete

la pastilla anticonceptiva

pastilă

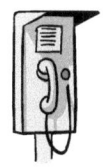

llamada de emergencia

apel de urgență

el tensiómetro

aparat de măsurare a
presiunii arteriale

enfermo / sano

bolnav/sănătos

¡Ayuda!

Ajutor!

la alarma

alarmă

la agresión

agresiune

el ataque

atac

el peligro

pericol

la salida de emergencia

ieșire de urgență

¡Fuego!

Foc!

el matafuego

extinctor

el accidente

accident

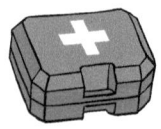

el botiquín de primeros auxilios

trusă de prim-ajutor

el SOS

SOS

la policía

poliție

Europa

Europa

América del Norte

America de Nord

América del Sur

America de Sud

África

Africa

Asia

Asia

Australia

Australia

el Atlántico

Altantic

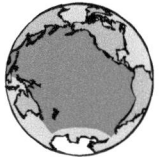

el Pacífico

Pacific

el Océano Índico

Oceanul Indian

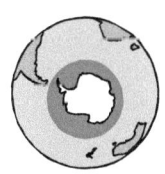

el Océano Antártico

Oceanul Antarctic

el Océano Ártico

Oceanul Arctic

el polo norte

Polul Nord

el polo sur

Polul Sud

la Antártida

Antarctica

la Tierra

pământ

la tierra

țară

el mar

mare

la isla

insulă

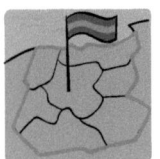

la nación

națiune

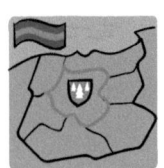

el estado

stat

la esfera

cadran

la manecilla de las horas

orar

el minutero

minutar

el segundero

secundar

¿Qué hora es?

Cât e ceasul?

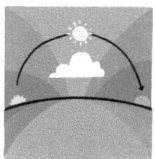

el día

zi

la hora

timp

ahora

acum

el reloj digital

cead digital

el minuto

minut

la hora

oră

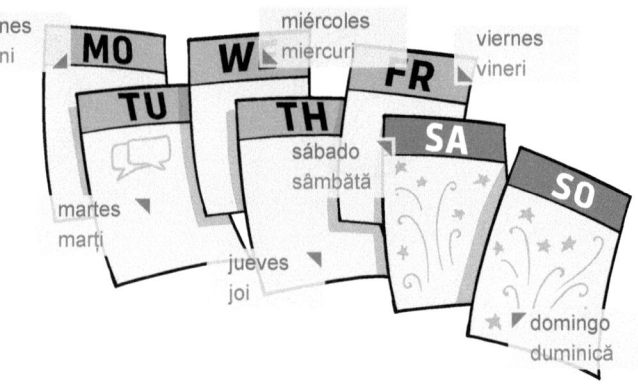

lunes / luni — MO
miércoles / miercuri — W
viernes / vineri — FR
martes / marți — TU
TH
sábado / sâmbătă — SA
jueves / joi
domingo / duminică — SO

ayer
ieri

hoy
azi

mañana
mâine

la mañana
dimineață

el mediodía
amiază

la tarde
seară

MO	TU	WE	TH	FR	SA	SU
1	2	3	4	5	6	7
8	9	10	11	12	13	14
15	16	17	18	19	20	21
22	23	24	25	26	27	28
29	30	31	1	2	3	4

los días hábiles
zile lucrătoare

MO	TU	WE	TH	FR	SA	SU
1	2	3	4	5	6	7
8	9	10	11	12	13	14
15	16	17	18	19	20	21
22	23	24	25	26	27	28
29	30	31	1	2	3	4

el fin de semana
week-end

el año
an

la lluvia
ploaie
el arco iris
curcubeu
la nieve
zăpadă
el viento
vânt
la primavera
primăvară
el otoño
toamnă
el verano
vară
el invierno
iarnă

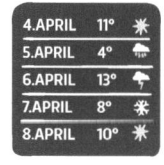

4.APRIL 11°
5.APRIL 4°
6.APRIL 13°
7.APRIL 8°
8.APRIL 10°

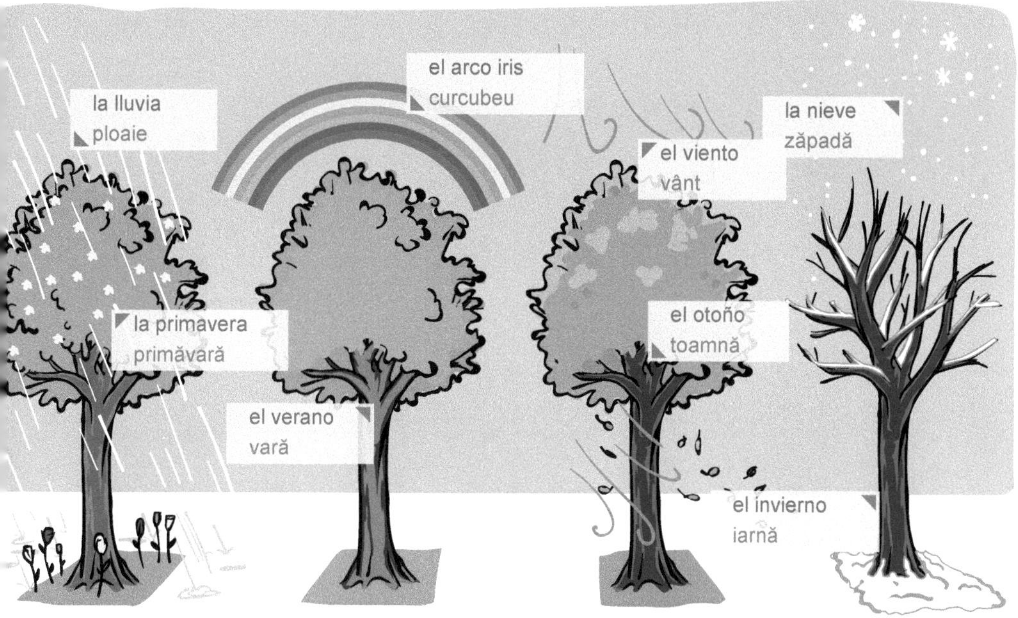

pronóstico meteorológico
....
prognoză meteo

F C
120 40
90 30
60 20
30 10
0 0
-30 -10
-20

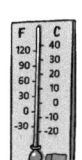

el termómetro
....
termometru

la luz del sol
....
lumina soarelui

la nube
....
nor

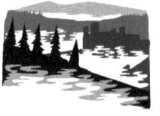

la niebla
....
ceață

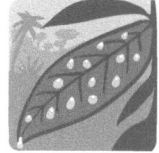

la humedad
....
umiditate a aerului

el rayo

fulger

el trueno

tunet

la tormenta

furtună

el granizo

grindină

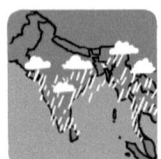

el monzón

muson

la inundación

inundaţie

el hielo

gheaţă

enero

ianuarie

febrero

februarie

marzo

martie

abril

aprilie

mayo

mai

junio

iunie

julio

iulie

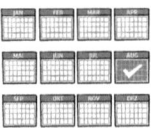

agosto

august

septiembre
....
septembrie

octubre
....
octombrie

noviembre
....
noiembrie

diciembre
....
decembrie

las formas
forme

el círculo
....
cerc

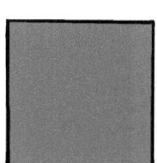

el cuadrado
....
pătrat

el rectángulo
....
dreptunghi

el triángulo
....
triunghi

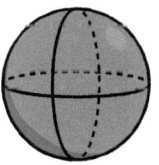

la esfera
....
sferă

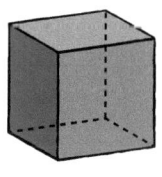

el cubo
....
cub

blanco

alb

amarillo

galben

naranja

portocaliu

rosa

roz

rojo

roșu

violeta

violet

azul

albastru

verde

verde

marrón

maro

gris

gri

negro

negru

mucho / poco

mult/puțin

enojado / tranquilo

furios/calm

lindo / feo

frumos/urât

el principio / el fin

început/sfârșit

grande / chico

mare/mic

claro / oscuro

luminos/întunecat

el hermano / la hermana

frate/soră

limpio / sucio

curat/murdar

completo / incompleto

complet/incomplet

el día / la noche

zi/noapte

muerto / vivo

mort/viu

ancho / angosto

lat/strâmt

comestible / no comestible

comestibil/necomestibil

malo / amable

rău/prietenos

entusiasmado / aburrido

emoționat/plictisit

gordo / flaco

gras/slab

primero / último

primul/ultimul

el amigo / el enemigo

prieten/inamic

lleno / vacío

plin/gol

duro / blando

tare/moale

pesado / liviano

greu/ușor

el hambre / la sed

foame/sete

enfermo / sano

bolnav/sănătos

ilegal / legal

ilegal/legal

inteligente / estúpido

inteligent/stupid

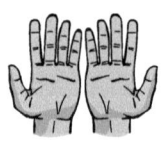

izquierda / derecha

stânga/dreapta

cerca / lejos

aproape/departe

nuevo / usado

nou/uzat

nada / algo

nimic/ceva

viejo / joven

bătrân/tânăr

encendido / apagado

pornit/oprit

abierto / cerrado

deschis/închis

silencioso / ruidoso

încet/tare

rico / pobre

bogat/sărac

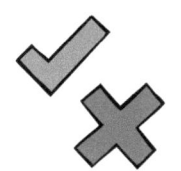

correcto / incorrecto

corect/fals

áspero / suave

aspru/neted

triste / contento

trist/fericit

corto / largo

lung/scurt

lento / rápido

încet/repede

mojado / seco

ud/uscat

caliente / frío

cald/rece

guerra / paz

război/pace

cifre

0	**1**	**2**
cero	uno	dos
zero	unu	doi

3	**4**	**5**
tres	cuatro	cinco
trei	patru	cinci

6	**7**	**8**
seis	siete	ocho
șase	șapte	opt

9	**10**	**11**
nueve	diez	once
nouă	zece	unsprezece

12	**13**	**14**
doce	trece	catorce
douăsprezece	treisprezece	paisprezece

15	**16**	**17**
quince	dieciséis	diecisiete
cincisprezece	șaisprezece	șaptesprezece

18	**19**	**20**
dieciocho	diecinueve	veinte
optsprezece	nouăsprezece	douăzeci

100	**1.000**	**1.000.000**
cien	mil	el millón
o sută	o mie	un milion

el inglés
engleză

el inglés americano
engleză americană

el chino mandarín
chineza mandarină

el hindi
hindi

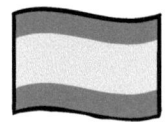

el español
spaniolă

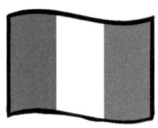

el francés
franceză

el árabe
arabă

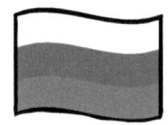

el ruso
rusă

el portugués
protugheză

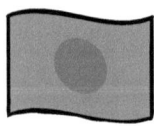

el bengalí
bengaleză

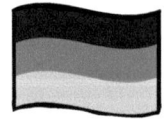

el alemán
germană

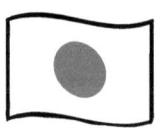

el japonés
japoneză

yo
eu

vos
tu

él / ella
el/ea

nosotros
noi

ustedes
voi

ellos
ea

¿quién?
cine?

¿qué?
ce?

¿cómo?
cum?

¿dónde?
unde?

¿cuándo?
când?

el nombre
nume

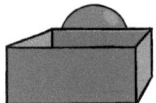

detrás

în spate

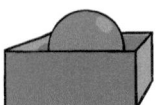

en

în

adelante de

înainte

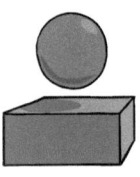

por encima de

peste

sobre

pe

debajo de

sub

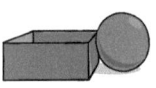

al lado de

lângă

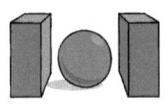

entre

între

el lugar

loc